W0178884

Marlena Fischer

DIE KUNST, SICH NICHT ZU BLAMIEREN

Bibliografische Information der Deutschen Nationalbibliothek
Die Deutsche Nationalbibliothek verzeichnet diese Publikation in der
Deutschen Nationalbibliografie. Detaillierte bibliografische Daten sind im
Internet über http://d-nb.de abrufbar.

Für Fragen und Anregungen
info@mvg-verlag.de

Originalausgabe
1. Auflage 2020
© 2020 by mvg Verlag, ein Imprint der Münchner Verlagsgruppe GmbH
Nymphenburger Straße 86
D-80636 München
Tel.: 089 651285-0
Fax: 089 652096

Umschlaggestaltung und -abbildung: Laura Osswald
Abbildungen Innenteil: Laura Osswald , shutterstock.com
Layout und Satz: Ortrud Müller, Die Buchmacher, Köln
Druck: Graspo CZ, Tschechische Republik
Printed in the EU

ISBN Print 978-3-7474-0061-6
ISBN E-Book (PDF) 978-3-96121-385-6
ISBN E-Book (EPUB, Mobi) 978-3-96121-386-3

Weitere Informationen zum Verlag finden Sie unter

www.mvg-verlag.de

Beachten Sie auch unsere weiteren Verlage unter www.m-vg.de

Marlena Fischer

DIE KUNST,
SICH
NICHT
ZU
BLAMIEREN

Knigge-Basics für jeden Tag

mvgverlag

Inhalt

Über
Höflichkeit

»In einer Sekunde
kann sich der
Mensch blamieren für
ewige Zeiten.«

So schrieb ein unbekannter Autor in der um die Wende vom 19. zum 20. Jahrhundert erschienenen humoristischen Wochenschrift die *Fliegenden Blätter*.

Für »ewige Zeiten«?

Nun ja, wir wollen es mal nicht übertreiben. Schließlich kann ein schlechter Eindruck – glaubt man dem bekannten Sprichwort »Der erste Eindruck zählt. Und der letzte bleibt für immer« – durchaus wieder wettgemacht und durch ein positiveres Bild unserer selbst ersetzt werden.

Und dennoch: Wir alle hassen jenen Moment der Peinlichkeit, jenen Augenblick der Blamage, wenn sich alle Blicke uns zuwenden, weil wir schon mit dem Essen begonnen haben, bevor die Hausherrin überhaupt in die Nähe ihres Platzes gekommen ist. Und das auch noch mit dem falschen Löffel!

Wenn die Augenbrauen der anderen hochgehen, weil wir der Assistentin vor dem Chef die Hand geschüttelt haben, obwohl »Ladys first« in diesem Kontext gar nicht gilt.

Wenn wir den Dresscode einmal mehr missverstanden haben und aus der schwarzbefrackten Masse mit unseren beigen Chinos, die daheim doch noch relativ elegant aussahen, herausstechen wie ein Pfau.

Über so eine Situation hilft nur ein dickes Fell hinweg und der Entschluss, sich endlich – nun aber ernsthaft! – mit den wichtigsten Anstandsregeln auseinanderzusetzen.

Doch was ist heute noch wirklich relevant?

Was ist heute noch richtig oder falsch?

Viele der Regeln aus der Höflichkeitsbibel *Über den Umgang mit Menschen* von Adolph Franz Friedrich Ludwig Freiherr von Knigge sind hoffnungslos veraltet. Und auch sonst gibt es viele vermeintlich goldene Regeln, über die sich heute streiten lässt – und auch fleißig gestritten wird. Sollte zum Beispiel tatsächlich nur mit Wein, Sekt oder Champagner – und auf keinen Fall mit antialkoholischen Getränken – angestoßen werden?

Stößt man nicht vielmehr mit der Person statt mit dem Getränk an? Sollte eine Schwangere, die nur mit Sprudel anstoßen kann, tatsächlich derart ausgeschlossen werden?

Und dennoch sind all diese Regeln der Höflichkeit, die durchaus nicht durch die Bank von Herrn

Knigge erfunden wurden, sondern sich über die Jahre hinweg aus unserem – höflichen – gesellschaftlichen Miteinander herausdestilliert haben, wichtige Stützen in unserem alltäglichen Leben. Sie geben Orientierung, die unverzichtbar ist in dieser immer komplexer werdenden Welt, und nehmen den Druck von uns, ständig unser Verhalten zu hinterfragen. Denn wer seine Benimmregeln kennt, der muss sich nicht den Kopf zerbrechen, ob und wie er eine andere Person zu begrüßen hat. Die klaren Vorschriften nehmen ihm die Last der Entscheidung ab.

Vor allem aber vermittelt die Einhaltung dieser kleinen Höflichkeitsregeln dem Gegenüber:

Du bist mir wichtig. Das bist du mir wert.

Sie sind damit, wie Arthur Schopenhauer so schön sagte, für den Menschen wie die Wärme für das Wachs.

Und ist das nicht der allerbeste Grund, höflich zu seinen Mitmenschen zu sein?

Gehen Sie also hinaus – und bringen Sie Ihre Mitmenschen zum Dahinschmelzen!

Der erste
Eindruck

»Der erste Eindruck
ist der beste.«

Beginnen wir einfach …

Bevor Sie überhaupt den Mund aufmachen, hier ein paar Basics, die Ihnen dabei behilflich sein werden, den Weg für eine erfolgreiche erste Begegnung zu bereiten.

Lächeln Sie! Natürlich wird gerade den Damen gern vorgeworfen, zu viel zu lächeln und sich auf diese Art in eine Position der Unterlegenheit zu begeben. Nicht zu Lächeln im Augenblick des Kennenlernens ist jedoch schlichtweg unhöflich.

Halten Sie Blickkontakt! Lassen Sie im Gespräch Ihre Augen nicht durch die Gegend wandern. Das suggeriert Ihrem Gesprächspartner: Ich bin sowieso auf der Suche nach einer interessanteren Unterhaltung.

Dennoch wird Ihr Blick immer leicht wandern – der Herr achtet dabei darauf, dass er der Dame nicht in den Ausschnitt schaut …

… und alle anderen tragen Sorge, nicht etwaige Unzulänglichkeiten ihres Gegenübers – Warzen, Narben, abstehende Ohren – allzu sehr ins Visier zu nehmen.

Tragen Sie Ihre Hände gut sichtbar! Sie möchten doch nicht den Eindruck vermitteln, etwas zu verbergen zu haben.

Tatsächlich gibt es in puncto Körpersprache so einiges zu beachten …

Körpergeflüster

Hierbei geht es nicht um Geschlechterklischees à la »Wenn sich eine Frau durchs Haar streicht, findet sie ihr Gegenüber attraktiv«.

Nein, hier geht es um viel Grundsätzlicheres …

Wenden Sie sich Ihrem Gesprächspartner zu. Ihre Körpersprache soll sagen: »Ich schenke dir meine volle Aufmerksamkeit.«

Zeigen Sie aufrechte Haltung und Körperspannung. Stehen Sie mit beiden Füßen fest auf dem Boden. Sie glauben gar nicht, wie schnell Ihr Gegenüber innen und außen bei Ihnen gleichsetzen wird …

Stehen Sie etwa hüftbreit. Stehen Ihre Füße enger beieinander, wird das als Ausdruck von Schüchternheit und Unsicherheit verstanden. Stehen Sie zu breit, wirkt das bei den Herren wie Imponiergehabe – und bei den Damen lächerlich.

Verschränken Sie Ihre Arme nicht. Das wird von Ihrem Gegenüber als Geste der Abwehr verstanden werden.

Und da wären wir schon beim Thema Hände …

Die Hände

Dass Sie Ihre Hände ganz offen tragen sollen, wissen Sie bereits. Auch verschränken sollten Sie Ihre Arme nicht. Das heißt aber nicht, dass Sie diese wie eine leblose Marionette einfach an sich herunterbaumeln lassen sollten …

Halten Sie Ihre Hände oberhalb der Gürtellinie. So viel Spott bisher auch darüber getrieben wurde – die Merkelraute kann durchaus ein Mittel der Wahl sein, wenn Sie nicht wissen, wohin mit Ihren Händen.

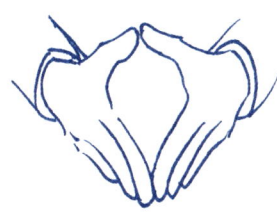

Nesteln Sie vor allem nicht an sich herum. Noch besser: Nutzen Sie Ihre Hände, um damit zu gestikulieren. Das zeugt von Selbstbewusstsein und Kraft.

Übertreiben Sie es aber nicht. Denn das kann schnell aggressiv und dominant wirken.

Dabei sollten Ihre Hände, genau wie Ihre ganze Körpersprache, offen sein. Weisen Sie zum Beispiel mit der ganzen Hand auf Dinge.

Der Zeigefinger, der aus der geballten Faust herausreicht, wirkt dagegen sehr dominant, fast schon aggressiv.

Die korrekte Begrüßung

Darüber, wie wer in welcher Reihenfolge und dann ausnahmsweise doch nicht oder anders begrüßt werden sollte, lassen sich ganze Bücher füllen. Hier die wichtigsten Tipps, die Ihnen helfen, die fettigsten Fettnäpfchen zu vermeiden:

Servus, Mahlzeit, Ciao und Co. sind Grußformeln, die Sie sich ganz schnell abgewöhnen sollten.

Ladys first! Aber …

Ladys first gilt nicht, wenn die Lady die Assistentin des Chefs ist. Dann wird nämlich der Chef zuerst begrüßt.

Die übergeordnete Person entscheidet, auf welche Art und Weise begrüßt wird – von ihr geht also auch das Händeschütteln aus.

Bei der Begrüßung hat **nichts Trennendes** zwischen Ihnen zu stehen, auch kein Tisch.

Auch die **Damen erheben sich** zur Begrüßung von ihren Stühlen.

Ein Händedruck sollte **nicht länger als drei Sekunden** dauern – alles andere ist ein Wettdrücken.

Die Distanz macht's

Allgemein gibt es in puncto Distanz so einiges zu beachten ...

So unterscheidet der US-amerikanische Anthropologe und Ethnologe Edward T. Hall zwischen folgenden Distanzzonen:

Die intime Zone: auch Intimsphäre. Dabei handelt es sich um die unmittelbare Nähe der Person bis hin zu einem Abstand von etwa 50 Zentimetern. In diesen Bereich einzudringen ist nur engen Vertrauten der Person erlaubt. In manchen Situationen, wie in der überfüllten U-Bahn, lässt sich dies jedoch kaum vermeiden. Wir senken daher die Augen und weichem dem Blick aus, um diesen Mangel an Distanz zu kompensieren.

Die persönliche Zone: auch Privatsphäre. Freunde, Bekannte und Kollegen dürfen zwischen 50 und

100 Zentimetern an uns heranrücken, ohne dass uns Unwohlsein erfüllt.

Die soziale Zone: Sie reicht von etwa einem Meter bis 3,50 Metern. Sie ist allen Menschen vorbehalten, mit denen wir im allgemeinen sozialen Kontext zu tun haben. Schalterbeamte, andere Wartende an der Bushaltestelle …

Die **öffentliche Zone** beginnt jenseits der 3,50-Meter-Marke. Damit ist zum Beispiel der Abstand bei einem Konzert oder Vortrag gemeint.

Ein »widerrechtliches« Eindringen in die jeweiligen Zonen des Gegenübers sorgt bei diesem für Unwohlsein und Stress. Daher sollten Sie – gerade bei flüchtigen Bekannten – mit Umarmungen oder gar Küsschen **zurückhaltend** sein. Umarmen Sie nur, wenn Sie sicher sind, dass Ihr Gegenüber das auch möchte.

Achten Sie darauf, auch beim Händeschütteln **nicht zu nahe** an Ihr Gegenüber heranzutreten.

Dennoch wirken Berührungen Wunder. Selbst durch kürzesten Körperkontakt kann es zur Ausschüttung von Serotonin kommen. Eine Berührung an der Schulter, am Unterarm kann also auch als extrem angenehm empfunden werden …

… aber nur, wenn Ihr Gegenüber das auch möchte. Eine Gratwanderung. In der Tat.

Die Anrede

Auch im Bereich der Anreden wollen wir darauf verzichten, im Detail aufzudröseln, wie nun welcher Oberfeldwebel genau angesprochen werden sollte, dennoch gibt es ein paar Dinge, die Sie unbedingt beachten sollten …

Merken Sie sich unbedingt den Namen Ihres Gegenübers und lassen Sie diesen immer wieder ins Gespräch einfließen. Es ist wissenschaftlich belegt, dass Ihr Gesprächspartner Sie dann als sympathischer empfindet.

Fragen Sie sofort nach, falls Sie einen Namen nicht verstanden haben. Versuchen Sie nicht, den Namen zu vermeiden, und gehen Sie nicht das Risiko ein, diesen falsch auszusprechen.

Eine kleine Titelkunde

Akademische Titel: zum Beispiel Doktor oder Diplom-Volkswirt

Berufstitel: zum Beispiel Stadtrat, Bürgermeister, Architekt

Ehrentitel: zum Beispiel Professor, Justizrat, Senator – dabei handelt es sich um Titel, die nicht durch eine Ausbildung erworben, sondern von einer Institution verliehen werden.

Die richtige Reihenfolge der verschiedenen Titel ist folgende:

> Herr/Frau*Ehrentitel*Berufstitel*
> Akademischer Titel*(Vor-) und Nachname.

Wären da noch *die Adelstitel*: zum Beispiel Baron oder Gräfin. Der Adelstitel ersetzt in der Anrede das »Herr« oder »Frau«. In Kombination mit einem akademischen Titel spricht man jedoch zum Beispiel von »Dr. Gräfin Hoheneck«.

Vermeiden Sie Anreden wie »GattIn« oder »GemahlIn«. Ein »Ihr Mann«/»Ihre Frau« tut es durchaus.

Der akademische Titel ist der Titel desjenigen, der ihn erworben hat. Sprechen Sie den nicht promovierten Gatten von Frau Doktor Müller also nicht mit »Herr Doktor Müller« an.

Du und Sie

Der Ältere bietet dem Jüngeren, der Ranghöhere dem Rangniedrigeren das Du an.

> ### Das Hamburger Sie:
>
> Eine Form der Anrede, bei der zwar gesiezt, allerdings der Vorname verwendet wird. Etwas verwirrend. Irgendwann landet man doch beim Du – und schämt sich ein bisschen dafür.

Heute dürfen **auch Männern der Dame** das Du anbieten. In früheren Jahren galt das als eine regelrechte Unverschämtheit.

Auch wenn Sie eigentlich mit einer Person per Du sind, gibt es Situationen, in denen es ratsam ist, zwischenzeitlich wieder zum Sie zu wechseln, zum Beispiel bei Podiumsdiskussionen, in offiziellen Briefen etc.

Das Pars-pro-toto-Ihr:

Gerade in Süddeutschland wird man gern auch mal mit ihr oder euch angesprochen. Dahinter steckt kein plumper Duz-Versuch, sondern der Angesprochene ist als Teil (»pars«) eines größeren Ganzen (»toto«) gemeint. Die ultimative Smalltalkvariante: »Wie ist das Wetter bei euch?«

Sicher durch die Tür

Wie ist es denn nun genau mit der Tür? Stürmt der Mann als Erster hindurch, um im Raum die Lage zu sondieren und etwaige wartende Räuberbanden mit einem genau platzierten Schlag niederzustrecken?

Im privaten Umfeld lässt der Herr die Dame vorgehen …

Dabei hält bei einer **Tür, die sich nach innen öffnet**, der Herr der Dame die Tür auf, damit diese hindurchgehen kann.

Wenn sich die **Tür jedoch nach außen öffnet**, dann zwingt sich der Herr nicht zu grotesken Verrenkungen und die anderen dazu, sich an ihm vorbeizuquetschen, sondern er tritt ausnahmsweise als Erster durch die Türöffnung und hält der Dame die Tür auf.

Grundsätzlich gilt: Auf den Hintermann achten!

Und Höflichkeit ist alles. Danken Sie mit einem »Danke« oder einem freundlichen Lächeln oder Nicken dafür, dass Ihnen die Tür aufgehalten wurde. Auch wenn Sie die Person nicht kennen.

Kleider machen Leute
– im Alltag

Im Grunde ist dieses Kapitel eine Farce, denn: Kleiden wir uns heutzutage nicht bewusst, um aufzufallen, um anders zu sein, um unsere Individualität herauszustellen?

Vor diesem Hintergrund wirken – auf den Alltag bezogene – Kleidungsvorschriften angestaubt und vor allem einengend. Und dennoch: Hier einige ganz grundsätzliche Hinweise zum stilvollen Auftritt. Schließlich muss man die Regeln kennen, um sie auf den Kopf stellen zu können.

Manchmal ist weniger einfach mehr. Das gilt für Schmuck, aber auch für Farben. Bei einer Kombi von mehr als drei Farben sollte eine davon eine »Unfarbe« wie Schwarz oder Weiß sein.

Der Sonderfall: Mehr Stoff ist mehr. Besser nur Bein oder Dekolleté zeigen.

Finger weg vom Mustermix – außer, die Muster haben einen Farbton oder sind ein- und dasselbe Muster in unterschiedlichen Größen.

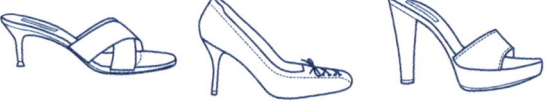

Zeigt her eure Schuhe! Hochwertiges Material und klassisches Design sind hier gefragt. Damit können Sie einfach nichts falsch machen.

Außerdem gilt die Goldene Regel: Hauptsache sauber! Selbst der angesagte Used-Look heißt nicht »dreckig«, sondern »abgenutzt«.

Kleider machen Leute
– im Büro

Auch im Berufsleben wird die Kleidung – gerade auch im Kreativbereich – immer mehr zum Ausdruck der persönlichen Individualität. Dennoch lohnt es sich, die gängigsten beruflichen Dresscodes zu kennen.

Casual: Lässig
Auch wenn der Begriff wörtlich »lockere, legere Kleidung« meint, heißt das nicht, dass Sie sich komplett gehen lassen können. Poloshirt oder schicker Pulli, Chinos, auch Jeans sind möglich. Die Damen haben hier eine große Bandbreite. Auch Kleider sind möglich, Hauptsache der Ausschnitt ist nicht zu tief.

Smart Casual: Die perfekte Mischung
Die Gratwanderung zwischen elegant und leger. Beim Herrn der Fall, wenn er vor einem Geschäftsessen keine Zeit mehr hat, sich umzuziehen, und Sakko und Krawatte ablegt, dafür aber weiter Anzughose trägt. Auch dunkle Jeans sind noch drin. Damen

kombinieren Hose oder Rock mit schicken Obertei-
len. Beim Kleid sollten die Farben eher gedeckt sein.

Business Casual: Es wird ernst
Jetzt ist für die Herren der Anzug gefragt. Jeans sind
ab diesem Zeitpunkt verboten. Die Herren tragen
passende Schuhe – Slipper gehen gerade noch so
durch. Die Damen tragen schicke Tops zu Hosen
oder Röcken und Pumps oder Sandaletten.

Business Attire: Edel, edel …
Im Grunde ist bei den Herren hier ein besonders
eleganter Anzug mit allen dazugehörigen Attribu-
ten gefragt. Besonders wichtig: Das Sakko wird nur
ausgezogen, wenn die Hitze unerträglich wird. Und
die Socken bitte schön hochziehen: Nacktes Bein ist
absolut tabu. Auch die Damen zeigen sich gut ver-
hüllt. Geschlossene, nicht zu hohe Schuhe, Fein-
strumpfhosen, Kostüm oder Hosenanzug sind jetzt
gefragt.

Für Damen und Herren

Tragen Sie Ihr **Sakko zugeknöpft** – außer, Sie tragen darunter eine Weste oder haben eine Rede zu halten.

Beim **Sakko mit zwei Knöpfen** wird der oberste Knopf geschlossen.

Beim **Sakko mit drei Knöpfen** gibt es für Sie zwei Optionen: Entweder Sie schließen nur den mittleren Knopf oder die beiden oberen.

Auch beim **Sakko mit vier Knöpfen** gilt: Entweder Sie schließen die beiden mittleren Knöpfe oder die drei oberen.

Sakko mit fünf Knöpfen: Hier gilt es, die obersten vier Knöpfe zuzuknöpfen. Daraus folgt auch, dass man bei Westen, die ja in der Regel fünf oder mehr Knöpfe haben, den untersten Knopf nicht zuknöpfen muss.

Im Sitzen dürfen Sie die Knöpfe natürlich öffnen.

Wie Mann eine Krawatte bindet

Eine Krawatte ist perfekt gebunden, wenn ihr Ende gerade den Gürtel beziehungsweise den Hosenbund berührt.

Kleider machen Leute
– auf der Hut

Mit folgenden Ratschlägen sind Sie in Sachen Kopfbedeckung immer gut behütet.

Frauen müssen **im Raum** ihre Kopfbedeckung nicht absetzen. Männer schon – außer, der Hut ist Teil einer Tracht. Das gilt ebenso für Gottesdienste und diverse andere christliche Veranstaltungen – auch wenn diese im Freien stattfinden. In anderen Religionen trägt der Mann jedoch gerade im religiösen Kontext eine Kopfbedeckung.

Der **kultivierte Mann** fasst sich bei einer Begegnung an die Kopfbedeckung, insofern die Kopfbedeckung einen Schirm oder ein Krempe hat (also keine Mütze) – und nicht Teil einer Uniform ist wie bei einem Polizisten.

Die hohe
Kunst der
Kommunikation

»Sei ernst,
bescheiden, höflich,
ruhig, wahrhaftig.
Rede nicht zu viel.
Und nie von Dingen,
wovon Du nichts
weißt.«

ADOLPH FREIHERR VON KNIGGE

Smalltalk

Im Gegensatz zum »Konversation Machen« geht es beim Smalltalk darum, an der Oberfläche zu bleiben …

Stürzen Sie sich – auch zu Beginn eines Businesstermins – nicht kopfüber ins Geschäftliche. **Nehmen Sie sich Zeit**, Gemeinsamkeiten zu finden und – ohne das wörtlich auszusprechen – Sympathie zu bekunden.

Ein gutes Thema ist und bleibt **das Wetter**. »Konnten Sie in der letzten Woche die Sonne genießen?«, »Hoffentlich sind Sie nicht in Regen gekommen?«

Ebenfalls ein **großartiges Smalltalkthema**: »Ich hoffe, Sie haben gut hierher gefunden.

Der Weg ist nicht so gut ausgeschildert.« Damit sprechen Sie Ihrem Gegenüber auch gleich ein Lob aus.

Und damit wären wir schon bei den **Fettnäpfchen**, in die Sie beim Smalltalk treten können: Sie wollen das Essen oder den Wein loben? Passen Sie auf, dass Sie sich nicht schnell in der Rolle des hochnäsigen Connaisseurs wiederfinden. Beim Gespräch übers Reisen sollten Sie darauf achten, Ihren Gesprächspartner nicht als absoluten Hinterwäldler dastehen zu lassen.

Ebenso als Gesprächsthemen im Smalltalk **tabu**: Religion, Politik, Anzügliches – und allgemein persönliche Bemerkungen. Vertraut Ihnen Ihr Gegenüber dennoch Persönliches an, geschieht das selbstverständlich streng vertraulich.

Der kleine, aber feine Allgemeinwissenstest

Schon beim Smalltalk ist eine solide Allgemeinbildung unverzichtbar, schließlich sollen Sie mit den wichtigsten Tagesthemen so vertraut sein, um sich geläufig dazu äußern zu können.

Je mehr sich das Gespräch jedoch vertieft, desto wichtiger ist neben einem Schatz an Anekdoten und der Fähigkeit, diese unterhaltsam zu präsentieren, eine solide Allgemeinbildung.

Wie gut ist Ihre Allgemeinbildung?

1. Wie heißt die Hauptstadt von Moldawien?
2. Bis wann hatte das Heilige Römische Reich bestand?
3. Wer war der erste deutsche Bundespräsident?
4. Wer schrieb den Roman *Wer die Nachtigall stört*?
5. Auf welchem Metall basiert Bronze?
6. Bei welchem Prozess kann Energie freiwerden? Bei der Kernspaltung oder der Kernfusion?
7. Wer wählt in Deutschland den Bundespräsidenten?
8. Wer sang den Klassiker »La vie en rose«?

9. Welcher Trainer führte 2007 die deutsche Handball-mannschaft zur Weltmeisterschaft?

10. Wer schrieb den Schelmenroman *Der Abentheuerliche Simplicissimus Teutsch*?

11. Welcher katholische Theologe stellte Ende der 1970er die Unfehlbarkeit der Kirche infrage?

12. Welcher DDR-Spion sorgte 1974 für den Rücktritt Willy Brandts als Bundeskanzler?

13. Wann fand der Deutsch-Französische Krieg statt?

14. Die Kolonie welchen Landes war Mozambique bis 1975?

15. Wer war Josip Broz?

16. Wie lange war Helmut Kohl Bundeskanzler der BRD?

17. Die Uraufführung welchen Balletts sorgte 1913 für einen Skandal?

18. Welcher Kanzlerkandidat der Union verlor 1980 bei der Bundestagswahl gegen Helmut Schmidt?

19. Was sind St. Vincent und die Grenadinen?

20. Was bedeutet »Memento mori«?

1. Chişinău
2. Bis 1806
3. Theodor Heuss
4. Harper Lee
5. Kupfer
6. Bei beiden
7. Die Bundesversammlung
8. Edith Piaf
9. Heiner Brand
10. Hans Jakob Christoffel von Grimmelshausen
11. Hans Küng
12. Günter Guillaume
13. 1870/1871
14. Die Portugals
15. Der jugoslawische Diktator Tito
16. 16 Jahre
17. »Le Sacre du Printemps«
18. Franz Joseph Strauß
19. Ein Inselstaat in der Karibik
20. »Gedenke, dass du sterblich bist«

Auflösung

0 bis 4 Fehler: Großartig! Ihre Allgemeinbildung ist hervorragend. Aber achten Sie darauf, Ihr Gegenüber nicht mit Ihrem Wissen zu erdrücken.

5 bis 9 Fehler: Ordentlich. Sie sind sicherlich ein angenehmer Gesprächspartner. Dennoch kann ein bisschen mehr Belesenheit nicht schaden.

9 bis 13 Fehler: Sie sollten noch an sich arbeiten. Halten Sie sich im Gespräch besser zurück, um sich nicht mit Ihrem Halbwissen zu blamieren.

Mehr als 13 Fehler: Zurück auf die Schulbank! Und im Gespräch bleiben Sie streng beim Wetter!

Das tiefergehende Gespräch

Und auch sonst gibt es in einem guten Gespräch noch so einige Dinge zu beachten …

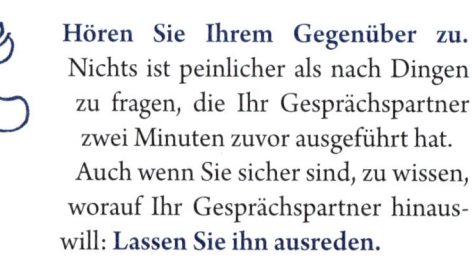

Hören Sie Ihrem Gegenüber zu. Nichts ist peinlicher als nach Dingen zu fragen, die Ihr Gesprächspartner zwei Minuten zuvor ausgeführt hat. Auch wenn Sie sicher sind, zu wissen, worauf Ihr Gesprächspartner hinauswill: **Lassen Sie ihn ausreden.**

Gehen Sie auf das Gesagte ein. Nichts ist schlimmer als die Ankündigung »Dazu fällt mir eine lustige Geschichte ein« – nur um dann mit einem ganz anderen Thema weiterzumachen.

Zu einem Gespräch gehören mehr als eine Person. **Führen Sie nicht allein das Gespräch.** Stellen Sie Ihrem Gesprächspartner Fragen – und antworten Sie selbst auf Fragen.

Lästern

Wer noch nie über andere gelästert hat, der werfe den ersten Stein. Schließlich hat Lästern auch eine soziale Funktion: Es schweißt zusammen – und in gewisser Weise dient die Weitergabe von negativen Informationen über Dritte auch der Warnung: »Lass dich mit dem/der nicht ein!«
Dennoch gilt in puncto Höflichkeit:
Das abfällige Gespräch über Dritte ist und bleibt tabu.

Zeigen Sie sich gesprächsbereit, ohne geschwätzig zu sein. Lassen Sie sich nicht alle Würmer aus der Nase ziehen.

Fehler ansprechen

Auch in einem guten Gespräch kommt es immer wieder vor: Der Gesprächspartner irrt sich. Und auch sonst hat der Alltag in Sachen Fehler einiges an Tücken zu bieten …

Wenn Ihnen im Gespräch auffällt, dass Ihr Gesprächspartner **im Irrtum** ist, sollten Sie abwägen: Wie wichtig ist es, ihn auf diesen Fehler hinzuweisen? Würden Sie selbst gerne darauf hingewiesen werden?

Selbst wenn Sie es für unvermeidlich halten, auf den Fehler hinzuweisen. **Tun Sie das höflich.** Brechen Sie keinen Streit vom Zaun.

Sie entdecken, dass Ihr Gesprächspartner etwas **zwischen den Zähnen** hat? Machen Sie Ihn darauf aufmerksam. Er sollte dann wiederum kurz den Raum verlassen, um sich die Zähne zu reinigen.

Grundsätzlich gilt: Je delikater der Fehler, desto dezenter sollten Sie die betreffende Person darauf aufmerksam machen.

Aber **übertreiben Sie es nicht** mit der Geheimniskrämerei. Das verleiht der Angelegenheit eine Bedeutung, die sie gar nicht verdient hat.

Der korrekte Brief

Beim korrekten Aufbau eines Briefes gibt es Folgendes zu beachten: Die **einfachste korrekte Anrede** ist und bleibt: »Sehr geehrter Herr … « und »Sehr geehrte Frau … « oder »Sehr geehrte Damen und Herren«, falls Sie nicht wissen, wer genau Ihr Ansprechpartner ist. Es gilt »Ladys first!«

Auf dem Umschlag jedoch steht üblicherweise der Name des Mannes an erster Stelle. Bei einer Person, die mehrere Titel hat, stehen dort alle Titel (Zur Reihenfolge der Titel: siehe Kasten auf S. 27).

In der Briefanrede wird jedoch nur der höchste Titel genannt. Es bleibt Ihnen übrigens freigestellt, ob Sie nur »Sehr geehrter Herr Professor« oder »Sehr geehrter Herr Professor Müller« schreiben.

Wählen Sie einen **aussagekräftigen Betreff**, bei dem der Empfänger sofort versteht, worum es in Ihrem Brief geht.

Fassen Sie sich kurz. Kommen Sie auf den Punkt und gliedern Sie Ihr Anschreiben sinnvoll.

Rechtschreibung

Achten Sie auf **korrekte** Recht- und Groß- und Kleinschreibung sowie Grammatik.

Formulieren Sie am Ende des Briefs falls nötig Ihren **Dank** – gegebenenfalls »bereits im Voraus«.

Schließen Sie »**Mit freundlichen Grüßen**« – ohne Komma nach den »Grüßen«.

Wer unterschreibt, dessen Name muss nicht noch einmal auf den Brief gedruckt werden.

11 cm

4,5 cm

2,5 cm

Empfänger/Firma
Name
Straße Hausnummer
PLZ Ort

10 cm

Vorname/Name
Straße Hausnummer
PLZ Ort
Telefon/ E-Mail

2 cm

ORT/DATUM

Betreffzeile

Anrede

Grußformel

Unterschrift

PS:

2,5 cm

Höflich per Mail

Wählen Sie auch hier **einen Betreff**, mit dem der Empfänger sofort etwas anfangen und aufgrund dessen er einschätzen kann, wie wichtig Ihr Anliegen ist.

Vergessen Sie die Anrede nicht! Hier gelten dieselben Regeln wie im Brief.

Achten Sie auch bei der Mail auf **korrekte** Recht- und Groß- und Kleinschreibung sowie Grammatik – auch wenn Sie das in Sachen Mailverkehr zu einer Ausnahmeerscheinung macht. Sie sagen dem Empfänger so: »Die Mühe bist du mir wert.«

Fassen Sie sich kurz und gliedern Sie Ihre Nachricht durch **sinnvolle Absätze**.

Stellen Sie, **bevor Sie Nachrichten weiterleiten**, sicher, dass diese keine Dinge enthalten, die möglicherweise nicht für den Empfänger gedacht sind.

Fügen Sie – gerade im beruflichen Kontext – Ihre **Signatur** an. Bei jeder Mail! Sie ermöglicht es dem Empfänger, Sie im Notfall sofort zurückzurufen, ohne erst lange im Postfach nach einer E-Mail mit Signatur zu suchen.

Lesen Sie Ihre Nachricht noch einmal gründlich, bevor Sie diese abschicken.

Überlegen Sie, ob Sie auch **wirklich alles**, was Sie schreiben möchten, in Ihrer Nachricht untergebracht haben. So vermeiden Sie es, dem Empfänger zwei oder gar mehrere Nachrichten hintereinander zu schicken.

Vermeiden Sie Sammelmails. Überlegen Sie genau, wer Bescheid wissen muss – und senden Sie nur an diese Personen Ihre Nachricht.

Antworten Sie zügig. Darum geht es ja gerade bei einer E-Mail: Dass man schneller Antwort erhält als auf einen per Post versandten Brief. Wenn es sich um eine Nachricht handelt, die eine sehr ausführliche Antwort erfordert, dürfen Sie auch gerne schreiben: »Ich habe Ihre Mail erhalten und werde mich im Lauf der Woche dazu melden.« Und dann melden Sie sich bitte auch im Lauf der Woche!

Anrufen ...

Beim Anrufen geht es bekanntlich darum, jemanden am Telefon zu sprechen – doch schon bevor es so weit ist, gibt es einige Höflichkeitsregeln zu beachten.

Vor neun Uhr in der Früh – manche gehen sogar von zehn Uhr aus – oder nach acht Uhr abends sollten Sie – im privaten Kontext – niemanden mit Anrufen belästigen.

Wenn Sie über die **Tagesabläufe der Person**, die Sie anrufen, genauer Bescheid wissen, lohnt es sich, diese bei Ihrem Anruf zu berücksichtigen. Rufen Sie in einem Haushalt mit kleinen Kindern nicht an, wenn diese vermutlich Mittagsschlaf machen, und in Haushalten mit Schichtarbeitern nicht, wenn diese möglicherweise noch schlafen.

Sie wurden weggedrückt oder der Angerufene **geht nicht ran**? Telefonterror ist nicht die Lösung – viel-

leicht hat der Angerufene ja einen sehr guten Grund, nicht ans Telefon zu gehen.

Fragen Sie nach, ob Ihr Gesprächspartner kurz Zeit für Sie hat. Vielleicht war er zu höflich, Ihren Anruf zu ignorieren.

Wurde das **Gespräch unterbrochen**, dann gilt: Derjenige, der angerufen hat, versucht, den Telefonkontakt erneut herzustellen.

... und angerufen werden

Im Privatleben ist es Ihnen durchaus erlaubt, Anrufe zu ignorieren. Allerdings gilt hier der Kategorische Imperativ: Erwarten Sie nicht auch, dass Angerufene auf *Ihre* Anrufe reagieren?

Auf jeden Fall ist hier, wenn Ihnen die Nummer bekannt ist, ein **Rückruf** geboten, sobald es Ihnen zeitlich möglich ist.

Wenn Sie nicht unter einer Geheimnummer angerufen werden oder Opfer aufdringlicher Drückerkolonnen sind, sollten Sie sich immer **mit Ihrem Namen melden**. So sparen Sie komplizierte Nachfragen.

Natürlich dürfen Sie – im privaten Kontext – **beim Telefonieren** Kaffee trinken und den Müll herausbringen. Weisen Sie aber besser Ihren Gesprächspartner darauf hin (»Der Empfang könnte jetzt gleich schlechter werden, ich gehe kurz nach

draußen … «). Oder vielleicht bieten Sie ihm gleich einen Rückruf an …

Sollten Sie kein Headset zur Verfügung haben, ist die **Freisprechanlage**, wenn Sie unter Menschen unterwegs sind, keine Option. Die anderen sollten nicht gezwungen sein, an Ihren Gesprächen teilhaben zu müssen.

Und auch mit **Headset** sollten Sie sich überlegen, in welchen sozialen Situationen es möglicherweise unangebracht ist, zu telefonieren. Davon, dass Ihre Mitmenschen Sie für einen vor sich hin quatschenden Freak halten, einmal abgesehen.

Das Handy einfach nur dabei …

Halten Sie Ihr Handy **nicht ständig in der Hand** – auch wenn Sie es in die Tasche stecken, werden Sie einen wichtigen Anruf nicht verpassen.

Schalten Sie die **Tastentöne** Ihres Handys auf lautlos, um den Menschen in Ihrer Umwelt so wenig wie möglich auf die Nerven zu gehen.

Stellen Sie Ihr Handy auf **lautlos**, sobald Sie ins Kino, Theater oder auch in eine Sitzung gehen.

Bei einem **Treffen mit Freunden** hat das Handy auf dem Tisch nichts verloren. Und in der Hand hat das Handy in solchen Situationen erst recht nichts zu suchen.

Lassen Sie Ihr Handy doch einfach mal zu Hause.

WhatsApp und Co.

Stellen Sie sich vor, wenn Sie zum ersten Mal einer Person schreiben, deren Nummer Sie aus einer Gruppe oder anderswoher haben.

In puncto Messaging sind die **Rechtschreibregeln** etwas laxer als im normalen Brief- oder auch E-Mail-verkehr. Dennoch sollten Sie Ihre Nachrichten so formulieren, dass diese auch für den Empfänger verständlich sind.

Nutzen Sie die Möglichkeiten der **Emojis**, um bestimmte Feinheiten bei Ihren Nachrichten herauszuarbeiten – aber übertreiben Sie es nicht. Es heißt ja immer noch »texten«.

Verwenden Sie »**Senden**« nicht als eine Art Absatz –

der Empfänger stirbt vor Entsetzen, wenn das jeder so macht wie Sie und er plötzlich »50 ungelesene Nachrichten« auf dem Handy hat.

Nachrichten in der Nacht – ja oder nein? Natürlich ja, oder? Schließlich wurde WhatsApp ja erfunden, damit man zu jeder Zeit Nachrichten verschicken kann und nicht bis zum nächsten Morgen warten muss. Dennoch: Manche Menschen haben ihr Handy neben dem Bett liegen, um in Notfällen erreichbar zu sein, und könnten durch Ihre Nachrichten gestört werden. Vermeiden Sie also Nachrichten in der Nacht.

Schicken Sie **Kettennachrichten nicht weiter.** Nein, Sie werden dadurch nicht sterben. Und ja, die anderen wissen auch so, dass Sie sie lieb haben.

Erstellen Sie Gruppen nur für Dinge, die wirklich wichtig sind, und unterhalten Sie diese Gruppen nicht mit »witzigen Videos«, die die anderen alle unbedingt mal sehen müssen.

Verzichten Sie darauf, **Sprachnachrichten** zu verschicken, wenn etwas dringend ist. Sie wissen nicht, ob der Empfänger auch die Möglichkeit hat, die Nachricht unmittelbar abzuhören.

Falls Sie doch eine Sprachnachricht verschicken müssen: Achten Sie darauf, dass Ihre Nachricht verständlich ist. Außerdem: **In der Kürze liegt die Würze.**

Antworten Sie zügig auf Nachrichten. Gerade bei WhatsApp ist es besonders grausam, nicht zu reagieren, da der Absender in der Regel sehen kann, wenn Nachrichten von Ihnen gelesen wurden. Schicken Sie zumindest ein »Ich melde mich später«, wenn es gar nicht anders geht. Aber nicht beim Autofahren!

Unfallfrei durch die Untiefen der Sozialen Medien

─────────────────

Bedenken Sie, dass Sie in den Sozialen Medien letztendlich nie sicher sein können, dass Dinge **privat bleiben** – etwaigen Pseudonymen und Privatsphäreneinstellungen zum Trotz. Überlegen Sie also gründlich, was Sie wirklich öffentlich machen möchten.

Posten Sie nur Bilder, an denen Sie die Rechte haben – und mit denen Sie nicht die Persönlichkeitsrechte Dritter verletzen. Das gilt auch – und vor allem – für Bilder von Ihren Kindern.

Verhalten Sie sich auch in den Sozialen Medien **wertschätzend und höflich**. Nutzen Sie nicht die vermeintliche Anonymität, um einmal richtig die

Sau rauszulassen, denn das Internet ist kein rechtsfreier Raum. Und Beleidigungen etc. werden aktuell immer strenger verfolgt.

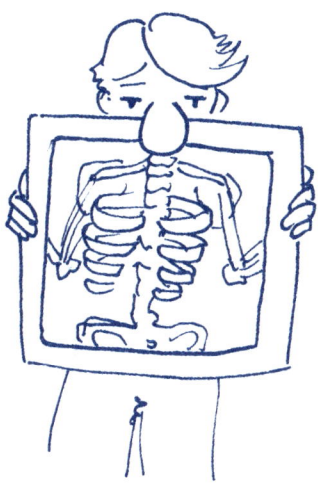

Bedanken Sie sich und stellen Sie sich vor, wenn Sie in einem Sozialen Medium in eine Gruppe aufgenommen wurden.

Prüfen Sie regelmäßig Ihre Kontakte und »misten« Sie »aus«, um sicherzustellen, dass Sie den Überblick darüber behalten, wer bei Ihnen »mitliest«.

Sie haben **von Ihrem Chef eine Freundschaftsanfrage** bei Facebook oder Instagram erhalten? Variante 1: Nehmen Sie die Anfrage an und achten Sie auf Ihre Postings. Variante 2: Erklären Sie ihm, dass Sie Facebook und Insta allein für private Zwecke nutzen, und schicken Sie ihm eine Xing- oder LinkedIn-Einladung.

Alltags-
höflichkeiten

»Vermöchten wir alle
nur für einen Tag
höflich zu sein, die
Feindschaft unter
den Menschen
würde sich in Liebe
wandeln.«

AUS CHINA

Unterwegs als Fußgänger oder Radfahrer

High Noon. Zwei Menschen, die aufeinander zuhalten. Unausweichlich. Unaufhaltbar. Wer wird Schwäche zeigen. Wer wird ausweichen?

Viele der Regeln, die Sie vom Fahren mit dem Auto kennen, lassen sich auch problemlos auf Ihr Dasein als Fußgänger übertragen. Es gilt damit: Rechtsverkehr! Und an kritischen Stellen: **Rechts vor links.**

Auf der Rolltreppe gilt: Rechts stehen, links gehen.

Wenn Sie mit Kindern oder behinderten Menschen unterwegs sind, nehmen Sie im Straßenverkehr die Rolle des »**Beschützers**« ein, das heißt, sie laufen immer zwischen der betreffenden Person und potenziellen Gefahren.

Die allgemeinen Verkehrsregeln gelten auch für Sie als **Radfahrer**. Rote Ampeln, Stoppschilder, rechts fahren, Radwege benutzen – und vor allem: Handy weg und Helm auf!

Auf dem Gehweg haben Sie als Fahrradfahrer nichts zu suchen. Und erst recht sollten Sie nicht Fußgänger aus dem Weg klingeln. Absteigen und schieben ist hier die einzige korrekte Variante.

Am Steuer

Jedem zehnten Deutschen ist sein Auto wichtiger als sein Partner. Eine derartig enge Beziehung sorgt dafür, dass wir uns, sobald sich die Autotür hinter uns geschlossen hat, wie in jeder guten Beziehung ziemlich gehen lassen. Das muss nicht sein ...

Auch wenn die Tür zu ist: Das Auto besteht immer noch zu großen Teilen aus Glas und ist damit *durchsichtig*. Daher: Pickel drücken Sie bitte daheim aus. Aufs Popeln sollten Sie ganz verzichten.

Der Hinweis, sich nicht gehen zu lassen, gilt übrigens auch für Ihre **verbalen Äußerungen**. Nur weil Sie meinen, niemand könnte Sie hören, müssen Sie nicht mit sämtlichen Ihnen bekannten Schimpfwörtern um sich schmeißen. Denn toben sieht man Sie, kleines Rumpelstilzchen, doch. Und auch für manche Gesten kann es saftige Strafen hageln.

Auch wenn Ihnen Ihr Auto zu einer zweiten Heimat geworden ist: Es sollte darin nicht aussehen wie in einem Schweinestall. **Entsorgen Sie Müll**, den Sie im Auto produzieren, umgehend. Nicht nur, weil dieser Ihre Mitfahrer stören könnte. Eine Coladose unter dem Bremspedal erhöht die Verkehrssicherheit Ihres Fahrzeugs nicht unbedingt.

Nehmen Sie Rücksicht. Und zwar nicht nur an Stellen, an denen es Ihnen gesetzlich vorgeschrieben ist wie beim Zebrastreifen oder dem Reißverschlussverfahren, sondern auch, wenn es einfach höflich ist, Menschen vorzulassen.

In U-Bahn, Tram, Bus und Bahn

Die Deutsche Bahn treibt unseren Puls ja tagtäglich in schwindelerregende Höhen. Da hilft es, wenigstens im zwischenmenschlichen Bereich ruhig Blut zu bewahren und für alles die höflichste Lösung zur Hand zu haben.

Erst aussteigen lassen, dann einsteigen.

Es gilt: **Jeder nur ein Platz.** Verstauen Sie ihr Gepäck so, dass der Platz neben Ihnen nicht als Ablagefläche herhalten muss.

Nicht alle halten sich an diese Regel. Fragen Sie deshalb in diesem Fall höflich nach: »Entschuldigung, ist hier noch frei?« Das gilt vor allem für die Bahn, aber auch in U-Bahn und Straßenbahn ist eine **höfliche Nachfrage** nicht fehl am Platz.

Bieten Sie **Schwangeren, Behinderten und Alten** Ihren Sitzplatz an – auch wenn Sie nicht auf einem

der speziellen für diese Gruppen vorgesehenen Sitze sitzen. Und auch auf die Gefahr hin, dass sich jemand angegriffen fühlt, weil Sie ihn so als »alt und gebrechlich« abgestempelt haben.

Sie sind schwanger und niemand sieht es – oder Sie sehen so jung aus, dass niemand etwas von Ihren Hüftproblemen ahnt? Bitten Sie die Umsitzenden höflich, Ihnen **einen Platz frei zu machen**. Bedanken Sie sich!

Seien Sie hilfsbereit. Egal ob es um Kinderwagen geht, die durch Türen, oder Rollatoren, die über Schwellen gehoben werden müssen.

Oper, Theater, Kino und Co.

Hier droht reichlich Drama, wenn Sie sich nicht an die Regeln halten …

Seien Sie pünktlich. Nehmen Sie Ihren Platz bereits vor dem letzten Aufruf ein. Im Kino bedeutet Pünktlichkeit, dass Sie zum Filmbeginn auf Ihrem Platz sitzen. Die Werbung müssen Sie sich nicht antun.

Wenn Sie doch zu spät gekommen sind, so sollten Sie sich mit einer Entschuldigung und mit dem Gesicht zugewandt an den bereits sitzenden Zuschauern vorbeischlängeln. Diese wiederum erheben sich kurz, um Platz zu machen.

So spannend der Film oder das Stück auch ist – **verzichten Sie darauf**, das Ganze unentwegt zu kommentieren oder sich darüber zu unterhalten.

Während es in Oper und Theater tabu ist, zu essen und zu trinken, ist dies im Kino vom Betreiber regelrecht erwünscht. Nehmen Sie dennoch **Rücksicht auf die übrigen Zuschauer** und verzichten Sie zum Beispiel darauf, an einer besonders spannenden oder emotionalen Stelle in Ihrer Popcorntüte zu kramen.

Das liebe Geld

Geld regiert die Welt – und stellt so manchen in puncto Etikette vor ganz grundsätzliche Fragen.

Über Geld spricht man nicht? Das gilt schon lange nicht mehr. Häufig kann das sogar sehr hilfreich sein für spätere Gehaltsverhandlungen. Doch wenn Sie sich mit Ihren Kollegen über Ihr Gehalt austauschen, sollten auch Sie mit offenen Karten spielen und nicht nur von der Offenheit der anderen profitieren.

Dennoch sollten Sie mit Ihrem Geld **nicht prahlen** – haben Sie nichts anderes, auf das Sie stolz sein können?

Gleichzeitig sollten Sie **nicht klagen** – so sorgen Sie nur bei Ihrem Gesprächspartner für Unwohlsein. Wenn Sie wirklich gravierende finanzielle Probleme haben, sollten Sie diese unter vier Augen mit einem sehr guten Freund besprechen.

In manchen Freundeskreisen gehört es zum guten Ton, **sich gegenseitig einzuladen**. Achten Sie darauf, dass hier niemand zum reinen »Geber« avanciert – selbst wenn er mehr verdient als die anderen.

Haben Sie immer **genug Geld dabei**, um Ihre Rechnungen selbst zu begleichen. Falls Sie sich doch einmal Geld von jemandem leihen müssen, geben Sie ihm dieses umgehend zurück – ohne dass die betreffende Person danach fragen muss.

Großzügigkeit ist eine nette Sache – aber achten Sie darauf, dass Sie im Freundeskreis damit niemanden unter Zugzwang setzen. Nicht jeder kann sich einen gemeinsamen New-York-Trip als Geburtstagsüberraschung für einen entfernten Freund leisten.

Das stille Örtchen

Nachdem wir uns mit dem lieben Geld beschäftigt haben, hier ein weiteres Thema, über das niemand so wirklich gern spricht …

Gepupst wird nur auf der Toilette – belästigen Sie niemanden mit dem Geruch oder den Geräuschen.

Während des Essens sollten Sie vermeiden, zur Toilette zu gehen.

Setzen Sie sich ordentlich hin, um etwaige Spritzer zu vermeiden. Das gilt auch für die Damen.

Beseitigen Sie Ihre Hinterlassenschaften.
Damenhygieneartikel und – das nur der Vollständigkeit halber – Kondome landen **nicht in der Toilette.**

Smalltalk hat am Pissoir nichts verloren. Schweigen Sie einfach. Und halten Sie den Blick gerade nach vorne gerichtet.

Eigentlich eine Selbstverständlichkeit: **Waschen** Sie sich Ihre Hände nach dem Toilettengang. Mit Seife.

Auch in der Familie gilt: Respektieren Sie die Intimsphäre der anderen. Und schützen Sie Ihre eigene. Schließen Sie die Toilettentür.

Sie haben die Klopapierrolle leer gemacht? **Sorgen Sie für Nachschub.**

Deckel zu. Licht aus. Bringen Sie die Toilette wieder in Ihren **Ausgangszustand** zurück.

Keine falsche Scham!

Fragen Sie offen nach der Toilette. Wenn Sie zum Beispiel in Frankreich nach einer Gelegenheit zum Händewaschen fragen, kann es sein, dass Sie in einem Zimmer mit Waschbecken – aber ohne Toilettenschüssel landen.

Trinkgelder im Alltag

Der schönste Weg, um im Alltag seine Wertschätzung auszudrücken, ist ein »Danke«, begleitet von einem freundlichen Lächeln. Noch besser: das Ganze in Verbindung mit einem schönen Trinkgeld.

Bei einer **Taxifahrt** liegen Sie mit etwa zehn Prozent des Fahrpreises als Trinkgeld richtig.

In gehobenen Hotels sind in der Regel 1 bis 2 Euro pro Gepäckstück als Trinkgeld angemessen.

Sie nutzen den **Zimmerservice**? Hier empfehlen sich 2 bis 5 Euro Trinkgeld pro Anfrage.

Vergessen Sie bei einem Hotelaufenthalt die **Putzkräfte** nicht. Hier sind 5 Euro für eine Nacht

> Im Restaurant ist übrigens ein Trinkgeld
> von 5 bis 10 Prozent der Summe angemessen –
> wenn Sie zufrieden sind.
> Mehr zum Thema »Zahlen«
> auf den Seiten 141/142.

angemessen. Wenn Sie länger bleiben, können Sie etwa 2 Euro pro Nacht berechnen. Legen Sie das Geld aufs Kopfkissen, damit auch klar ist, dass Sie das Geld nicht einfach nur vergessen haben.

Zum Jahreswechsel ist es so weit: Bei all den Dienstleistern des Alltags will sich bedankt sein: dem Postboten, dem Zeitungsausträger, der Müllabfuhr. Hier sind jeweils 5 Euro angemessen.

Zurückhaltung geboten ist bei Amtsträgern. Ihr Bauantrag wurde genehmigt? Auch im Nachhinein sollten Sie sich nicht »bedanken«. Das kann Ärger geben.

Pünktlichkeit ...

... ist eine Tugend. Und Unpünktlichkeit schlichtweg unhöflich.

Auch **zu früh kommen**, ist Unpünktlichkeit. In Kontexten, in denen Sie nur sich damit schaden – zum Beispiel im Wartezimmer des Arztes – dürfen Sie gerne zu früh dran sein. Wenn Sie bei einem Freund eingeladen sind und zu früh da sind, empfiehlt es sich, noch eine Runde um den Block zu drehen.

Die wichtigsten Abkürzungen
und Formulierungen

»**s. t.**«: »sine tempore« – also »ohne Zeit(auf-schlag). Sie haben pünktlich da zu sein. Bei einem Konzert heißt das zum Beispiel, dass Sie um diese Uhrzeit bitteschön auf Ihrem Platz zu sitzen haben.

»**c. t.**«: »cum tempore« – als »mit Zeit(auf-schlag). Dieser Zeitaufschlag ist allerdings nicht beliebig, sondern meint – auch im nichtakademi-schen Bereich – die berühmte »akademische Vier-telstunde«. Und die gilt auf die Minute genau!

»**Ab 20 Uhr**«: Sie müssen hier nicht um 20 Uhr auf der Matte stehen, dennoch wäre es höflich, innerhalb der ersten 30 Minuten aufzutauchen, um zu vermeiden, dass den ganzen Abend über Gäste eintröpfeln.

Pünktlichkeit ist ein Zeichen von *Wertschätzung* – versuchen Sie deshalb, nie jemanden warten zu lassen, gerade in Situationen, die für den anderen ziemlich unangenehm sind.

Und die moderne Technik macht es ja heutzutage möglich, sich frühzeitig zu **melden, falls es später werden sollte**. Dabei gilt: Eine Benachrichtigung ist fällig, sobald klar ist, dass man sich verspäten wird. Eine weitere Nachricht sollte folgen, sobald feststeht, wie viel man sich verspäten wird.

Gesundheit!

Das leidige Niesen. Es stört nicht nur jenen, der erkältet ist – es hat auch in Sachen Höflichkeit einige Tücken zu bieten.

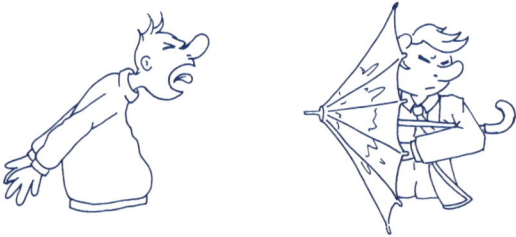

Niesen Sie niemals ungehemmt in den Raum hinein. Der Idealfall ist natürlich, dass Sie rechtzeitig ein **Taschentuch** aus der Tasche ziehen …

Wenn Ihnen das nicht gelingt, dann niesen Sie **in die linke Hand** – schließlich müssen Sie die Rechte noch etwaigen Gesprächspartnern zum Gruß reichen.

Aktuell verbreitet sich für dieses Problem eine andere Variante: Das **In-die-Armbeuge-Niesen**. Sieht nicht ganz so elegant aus – ist aber noch einen Tick hygienischer.

Wie geht man nun als Umstehender mit dem Niesen um? Ignorieren – stattdessen soll sich vielmehr der Niesende entschuldigen? Diese Regel ist umstritten.

Sie dürfen also weiterhin einem Niesenden »**Gesundheit**« wünschen.

Bei einer Niesattacke sollten Sie jedoch **nicht jedes einzelne** Niesen kommentieren.

Live aus dem Büro-Wahnsinn

Wie Sie sich im Büro korrekt kleiden, wissen Sie inzwischen. Über Ihr restliches Verhalten ließen sich ganze Bücher schreiben – und wurden das auch. Daher hier nur die Tipps für die kniffligsten Situationen:

Mit dem Chef allein im Fahrstuhl? Senken Sie nicht den Blick – so werden Sie auch nicht unsichtbar. Um ein paar höfliche Worte kommen Sie nicht herum. Wie wäre es mit: »Guten Morgen, Herr Kuhn, wie war Ihr Urlaub?«

Wie wir bereits gelernt haben, streckt der **Ranghöhere** die Hand zum Gruß, verbal grüßt aber der Rangniedrige zuerst.

Ihr Chef schreit Sie an? Stürmen Sie nicht aus dem Büro. Geben Sie sich selbstbewusst und ruhig – ohne arrogant oder schnippisch zu wirken. Warten Sie, bist der Sturm sich gelegt hat. Dann wird ihr Chef sich vermutlich schämen – und er wird beeindruckt sein von Ihrer Haltung.

Verhalten Sie sich in Ihrem Büro so, dass jederzeit die Tür geöffnet werden könnte. Denn auch bei einer geschlossenen Tür gilt im beruflichen Bereich: Kurz anklopfen reicht – dann unaufgefordert eintreten.

Im Supermarkt

Einkaufen in der Rushhour – für die wenigsten ein Spaß. Diese kleinen Tipps sorgen für das Quäntchen Freundlichkeit, das vielleicht Ihren Tag rettet.

Seien Sie höflich. Sagen Sie »Bitte«, »Danke«, »Guten Tag« und »Auf Wiedersehen«.

Tatschen Sie Obst und Gemüse nicht an. Sie sind an eine faulige Tomate geraten? Diese können Sie natürlich zurücklegen – aber drücken Sie nicht alle Tomaten, um herauszufinden, welche die besten sind. Dasselbe gilt übrigens für das Brot aus dem Brotbackautomaten.

Halten Sie an der Kasse Abstand. Und achten Sie darauf, niemandem Ihren Einkaufswagen in die Fersen zu rammen.

Lassen Sie andere vor, wenn diese wesentlich weniger Einkäufe haben als Sie.

Und nun die Frage aller Fragen: Wer legt ihn nun hin – den **Warentrenner**? Unsere Lösung: Legen Sie den Trenner immer hinter Ihre Waren – selbst wenn noch niemand in der Reihe hinter Ihnen wartet.

Der Knopf im Ohr

Natürlich ist es eine tolle Errungenschaft, dass Sie über ein kaum sichtbares Headset inzwischen jederzeit telefonieren können – während Sie an der Kasse bezahlen, müssen Sie das aber nicht tun. Schließlich ist der Kassierer kein Automat, den man einfach ignoriert.

Dasselbe gilt für die Supermarktangestellten. Diese sind häufig über den Knopf im Ohr miteinander vernetzt, um Arbeitsabläufe zu optimieren. Dennoch gilt: Wenden Sie sich, sobald das Gespräch beendet ist, dem Kunden bewusst zu. Signalisieren Sie durch ein Lächeln: Ich bin für Sie da.

Behinderte Menschen

Schon die Überschrift verrät: Bei die-sem Thema gibt es einiges zu beach-ten. Zum Beispiel, dass Sie behin-derte Menschen eben als Menschen bezeichnen – und nicht einfach nur als »Behinderte« …

Haben Sie dennoch keine Angst vor Alltagsflos-keln. »Auf Wiedersehen« dürfen Sie genauso zu einem Blinden sagen wie Sie einem Rollstuhlfahrer vorschlagen dürfen, einen kleinen »Spaziergang« zu machen.

Doch vorher ist eine andere Sache wichtig: Igno-rieren Sie die behinderte Person nicht. Wenden Sie sich direkt an sie – und nicht etwa an etwaige Betreuer. Und halten Sie Blickkontakt – lösen Sie Ihre Augen vom Rollstuhl.

Suchen Sie das Gespräch »auf Augenhöhe«. Das kann auch bedeuten, dass Sie manchmal in die Hocke gehen.

Drängen Sie niemandem Ihre Hilfe auf – oder überrumpeln Sie niemanden damit. Fragen Sie nach – und akzeptieren Sie es, zurückgewiesen zu werden.

Starren Sie niemanden an – auch blinde Menschen merken, wenn Sie angestarrt werden. Und halten Sie sich mit neugierigen Fragen zur Behinderung zurück.

Achten Sie darauf, dass Sie im Gespräch mit blinden Menschen genau formulieren, wenn Sie zum Beispiel anstoßen oder einander die Hände reichen möchten. Und sagen Sie auf jeden Fall, wenn Sie sich entfernen …

Zu
Gast

»Rast. Gast sein einmal.
Nicht immer selbst seine
Wünsche bewirten mit
kärglicher Kost. Nicht
immer feindlich nach allem
fassen, einmal sich alles
geschehen lassen und
wissen: was geschieht,
ist gut.«

RAINER MARIA RILKE

Richtig einladen

Laden Sie rechtzeitig ein. Das kann bei Hochzeiten auch bedeuten, dass Sie bereits Monate vor dem Fest und vor den eigentlichen Einladungskarten »Save the date«-Karten verschicken.

Auch wenn es sich wie eine Selbstverständlichkeit anhört: Ihre Einladung sollte übersichtlich Antwort darauf geben, **wer wen, wann, wohin**, zu welcher Veranstaltung und aus welchem Anlass einlädt. Und wenn es einen Dresscode gibt, sollte er hier bereits angeführt werden.

Übrigens: Gerade das »Wen?« ist manchmal besonders problematisch. **Ist der Partner mit eingeladen?** Dann sollten auf dem Umschlag beide Namen stehen und in der Einladung die Formulierung »wir laden euch ein«.

Wie aber das Ganze bei Kindern handhaben? Sie möchten die **Kinder mit dabeihaben**? Dann sollte

auf dem Umschlag »Familie« und der Name des Mannes stehen – in der Einladung selbst sollten aber alle Beteiligte angeführt werden.

Wenn Sie die Kinder jedoch **nicht dabeihaben** möchten, dann sollten Sie nur die Namen des Paares auf den Umschlag und die Einladung schreiben. Wenn Sie auf Nummer sicher gehen wollen, können Sie einen Satz wie »Weil wir euch auf unserer Hochzeit ganz für uns haben möchten, bitten wir euch, eure Kinder ausnahmsweise zu Hause zu lassen.« Sie müssen aber damit rechnen, dass manche Gäste dann gar nicht kommen – weil sie keinen Babysitter gefunden haben oder schlichtweg beleidigt sind.

Legen Sie eine Frist fest, innerhalb derer Sie mit einer Rückmeldung rechnen.

Richtig ab- und zusagen

Melden Sie sich **rechtzeitig** vor dem in der Einladung angegebenen Zeitpunkt zurück – auch wenn Sie absagen müssen. Sollte der Einladende vergessen habe, um Rückmeldung zu bitten: Geben Sie dennoch sobald wie möglich Bescheid.

Geben Sie auf die **Art und Weise** Rückmeldung, wie Sie die Einladung erhalten haben – außer es wird ausdrücklich eine andere Form der Rückmeldung erwünscht.

Vermeiden Sie Doppeldeutigkeiten und Missverständnisse bei Ihrer Rückmeldung. Schreiben Sie nicht: »Ich komme mit drei Personen«, sondern »Ich komme und bringe drei weitere Personen« mit.

Nennen Sie, falls Sie **absagen müssen**, einen Grund – und dabei ist nur bedingt Ehrlichkeit geboten.

Drücken Sie in der Rückmeldung Ihren **Dank** aus.

Und auch im Nachhinein ...

Wer die Freude hatte, eingeladen zu sein, der darf sich danach auch bedanken. Idealerweise geschieht das in der Form, in der die Einladung ergangen ist. Heutzutage ist jedoch auch eine Kurznachricht möglich. Ein Anruf ist nur empfehlenswert, wenn Sie sicher sein können, dass sich nicht jeder Gast für diese höfliche Geste entscheidet. Das kann nämlich ganz schön zeitraubend für den Gastgeber sein.

Der perfekt gewandete Gast

Gerade im privaten Kontext kann man in puncto Kleiderordnung so einiges falsch machen.

Hier die wichtigsten Dresscodes:

Informell: … heißt durchaus nicht »informell«. Der Herr trägt hier einen dunklen Anzug, die Dame ein elegantes, halblanges Kleid. Bitte mit Strumpfhose!

Black Tie: Andere Begriffe dafür sind »Cravate noire« oder »kleiner Gesellschaftsanzug«.

In der Regel der Fall bei einem festlichen Anlass am Abend. Der Mann trägt dunklen Smoking und schwarze Fliege. Die Dame ein bodenlanges elegantes Kleid. Schulterfrei ist erlaubt – zu Beginn des Abends sollten die Schultern jedoch mit einer Stola oder einem Jäckchen bedeckt sein.

White Tie: Die Königsklasse
Wenn Sie nicht vorhaben, den Wiener Opernball zu besuchen, werden Sie mit diesem Dresscode eher selten in Berührung kommen. Die Herren tragen Frack, die Damen Abendkleider in gedeckten Farben. Schulterfrei ist erlaubt – aber auch hier sollten zu Beginn des Abends die Schultern bedeckt werden. Und Finger weg von Sandalen: Geschlossene Schuhe sind hier zwingend notwendig.

Generell gilt: Es sollte zusammenpassen, was zusammengehört. Egal, wie gut angezogen Sie sich einzeln fühlen: Stimmen Sie sich mit Ihrem Partner ab. Sie wollen ja auch als Ensemble wirken.

Wie Mann eine Fliege bindet

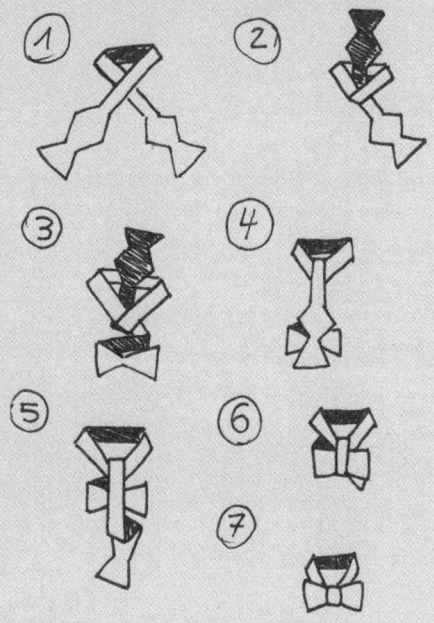

Auch wenn die Fliege aktuell eine Wiedergeburt erlebt: Im beruflichen Kontext lässt Sie eine Fliege nur als unverbesserlichen Sonderling rüberkommen.

Aus der Kleidertrickkiste

Laufen Sie Schuhe ein, bevor Sie diese auf eine wichtige Veranstaltung tragen. Natürlich möchten Sie nicht mit Ihrem ältesten Paar Schuhe glänzen – aber beim Jammern über Blasen möchten Sie sich sicherlich auch nicht hervortun.

Packen Sie bei größeren Festlichkeiten immer eine **Ersatzstrumpfhose** ein.

Das gehört auf jeder Feierlichkeit in die gut gepackte Damenhandtasche

→ Ersatzstrumpfhose
→ Atempastillen
→ Deodorant

→ Damenhygieneartikel
→ Taschentücher
→ Aspirin

Auf Veranstaltungen, auf denen bisweilen **Stille zu herrschen hat** – also immer wenn ein Gottesdienst gefeiert wird oder zum Beispiel bei Ehrungen oder der standesamtlichen Trauung –, empfiehlt es sich, keinen »geräuschvollen« Schmuck zu tragen.

Tragen Sie Unterwäsche, die in Farbe und Design zu Ihrem Kleid passt, um unschöne »Blitzer« zu vermeiden.

Es wird geheiratet!

Die einzige Person, die auf einer Hochzeit **weiß** trägt, ist die Braut.

Heutzutage engagiert jedes Brautpaar in der Regel einen professionellen Fotografen. Daher sollte auf **private Schnappschüsse** – gerade während der Trauung verzichtet werden.

Auch wenn das eine gewisse Wartezeit zur Folge hat: Bevor Sie sich beim Anstoßen nach der Trauung

Farben auf der Hochzeit:

Schwarz: Die Farbe der Trauer. Tragen Sie Schwarz nur in Kombination mit anderen Farben.
Rot: Rot sollten Sie auf einer schwedischen Hochzeit lieber nicht tragen. Außer, Sie möchten als weiblicher Gast herausstellen, dass Sie mit dem Bräutigam geschlafen haben …
Farblicher Desscode: Pudertöne! Orange und Mintgrün! Wer seine Gäste liebt, verzichtet darauf, sie zu zwingen sich 1. in Farben zu hüllen, die ihnen ziemlich sicher nicht stehen, und 2. dafür auch noch Geld ausgeben zu müssen.

Ihr Glas Sekt abholen, sollten Sie **dem Brautpaar gratulieren**. So viel Zeit muss sein.

Und auch für die **Eltern von Braut und Bräutigam** sollten Sie ein paar Glückwünsche übrig haben. Wenn Sie diese nicht kennen, dürfen Sie sich auch kurz vorstellen.

Wird gepoltert gilt: Glas und Spiegel sind tabu. Deren Splitter sind gefährlich – und ihre Scherben bringen Unglück.

Die Handtasche der Trauzeugin

Neben den »Standards« (siehe S. 104) gehören außerdem noch folgende Kleinigkeiten in die Handtasche einer guten Trauzeugin:

→ Nähzeug, Sicherheitsnadel, Sekundenkleber
→ Blasenpflaster
→ Pflaster

→ Make-up, Wattestäbchen, Feuchttücher
→ Traubenzucker
→ Klosterfrau Melissengeist

Die **Tischordnung** steht – und daran darf auch von niemandem heimlich gedreht werden.

Erst wenn der Bräutigam sein **Sakko** auszieht, dürfen das auch die Gäste. Das Gleiche gilt für das Ablegen der Krawatte.

Bei etwaigen Reden ist es absolut unangebracht, Braut oder Bräutigam in einem schiefen Licht dastehen zu lassen. Auch peinliche Anekdoten aus der Kindheit sind zu vermeiden. Ebenso ist es verboten, alte Streitigkeiten aufzuwärmen. Und: In der Kürze liegt die Würze.

Der Eröffnungstanz gehört ganz dem Brautpaar. Nach einer Weile holt das Brautpaar die Eltern – und zwar die Braut den Schwiegervater, der Bräutigam die Schwiegermutter – mit auf die Tanzfläche. Danach wird immer weiter aufgefordert. Es ist verboten, der Braut oder dem Bräutigam einen Tanz abzuschlagen.

Ihr Partner hat mit Ihnen Schluss gemacht, Ihnen wurde gekündigt und außerdem haben Sie einen Hexenschuss? **Reißen Sie sich zusammen** und zeigen Sie sich dennoch von Ihrer besten Seite.

Seien Sie an diesem Freudentag außerdem **offen für andere Menschen** und vermeiden Sie, sich nur in Ihrem eigenen Bekanntenkreis zu bewegen.

Einzig das Brautpaar darf sich »**auf Französisch**« – also ohne Worte – verabschieden. Alle anderen nehmen sich Zeit für die Verabschiedung, loben das Essen, das Fest, die Musik. Ihnen fällt schon etwas ein.

Im Trauerfall

Wenn Sie zum engeren Bekanntenkreis der oder des Verstorbenen gehören, sollten Sie, so schnell wie möglich, **persönlich kondolieren** – und zwar nur den engsten Angehörigen. Anrufe sind tabu.

Ansonsten haben Sie die Möglichkeit, **schriftlich Ihr Beileid** auszudrücken. Dabei sollten Sie sich gegen eine vorgedruckte Karte entscheiden und sich handschriftlich ausdrücken.

Eine **Traueranzeige** ist als Einladung zur Beerdigung zu verstehen. Wird eine derartige nicht veröffentlicht und erhalten Sie keine Informationen von der trauernden Familie, dann ist Ihre Anwesenheit nicht erwünscht. Dafür sollten Sie Verständnis haben.

Bei Beerdigungen gilt als Dresscode: Schwarz oder dunkel – auch die Schuhe und Strümpfe. Weiße Blusen oder Hemden als Kontrast sind möglich. Kurze Hosen oder Hemden und Blusen sind tabu – bei Männlein und Weiblein.

Und wie wir bereits gelernt haben: **Auf dem Friedhof nehmen die Herren Hut ab!** Auch unter offenem Himmel.

Wenn gebeten wird »**Von Beileidsbezeugungen am Grab**« abzusehen, dann sollten Sie das respektieren. Fassen Sie diesen Wunsch nicht als persönliche Zurückweisung auf.

Gastgeschenke

Auch wenn Sie davon überzeugt sind, dass Ihre Anwesenheit schon Geschenk genug für den Gastgeber ist – auf ein Gastgeschenk sollten Sie dennoch **nie verzichten**.

Wenn Sie nicht wissen, was Sie als Gastgeschenk mitbringen sollen, sind Sie mit **Wein oder Blumen** auf der sicheren Seite. Das ist zwar nicht sonderlich originell, aber doch ein Ausdruck Ihrer Wertschätzung und Dankbarkeit.

Blumensträuße werden geöffnet, bevor sie übergeben werden.

Das Gastgeschenk sollte **mit der linken Hand** übergeben werden, damit die rechte Hand frei bleibt für die Begrüßung.

Geschenke sollten vom Gastgeber **sofort ausgepackt** werden. Außer, der Gastgeber erhält so viele

Geschenke, dass das Auspacken im Rahmen der Feier nicht zu schaffen ist. Dann werden die Präsente auf einem Geschenktisch abgelegt.

Geldgeschenke sollten nicht in Anwesenheit Dritter geöffnet werden. Dennoch sollte der Beschenkte bereits bei Entgegennahme des Umschlags seinen Dank aussprechen.

Ein kleiner Exkurs zum Thema Blumen

Amaryllis:

Als faszinierende Einzelgängerin steht die Amaryllis für Bewunderung und außergewöhnliche Anziehung. Liebe lässt sich mit ihr jedoch nicht ausdrücken. Freundschaft schon eher.

Gerbera:

Wertschätzung, innige Freundschaft, Zuneigung – ohne dass damit gleich Liebe gemeint wäre. Die ideale Blume für einen guten Freund.

Narzisse:

Nur auf den ersten Blick ist der Name Programm: Die Narzisse symbolisiert Eitelkeit – doch als Frühlingsblume steht sie zugleich für Frische und Lebendigkeit.

Nelke:

Von gelben Nelken sollten Sie die Finger lassen. Die stehen nämlich für eine gewisse Abneigung dem Beschenkten gegenüber. Ansonsten bedeutet die Nelke Faszination und Liebe.

Orchideen:

Egal, ob als Schnittblume oder im Topf:
Orchideen huldigen der Schönheit des
Beschenkten.

Rose:

Sie sollten sich gründlich überlegen, wem
Sie Rosen schenken. Denn roten Rosen stehen für innige Liebe, weiße Rosen zum Beispiel für Unschuld und Treue.

Sonnenblume:

Strahlend, leuchtend, wie ein Sommertag.
Vielleicht etwas hippiemäßig, aber wohl die
sonnigste Art, um zu sagen: »Ich mag dich!«

Tulpe:

Die Frühjahrsblume schlechthin. Sie steht für
Zuneigung. Je dunkler die Tulpe desto intensiver
diese Zuneigung.

Zinnien:

Die wunderhübschen Zinnien sind das perfekte Geschenk für einen guten Freund. Sie
stehen für Loyalität.

Zu
Tisch

»Eine gute Tafel
stillt allen Groll des
Spiels und der Liebe;
sie versöhnt alle
Menschen, bevor sie
zu Bette gehen.«

Luc de Clapiers, Marquis de Vauvenargues

Die Sitzordnung

Die Tischordnung! Wie viele Hochzeitspaare haben sich nicht über der korrekten Tischordnung schon den Kopf zerbrochen. Hier ein paar Regeln, die Ihnen zumindest als Orientierung dienen dürften … Gerade erstere ist nicht unbedingt ein Muss.

Nur Verlobte sitzen nebeneinander. Ehepaare nicht – außer es handelt sich um eine Festlichkeit anlässlich ihres x-ten Hochzeitstags.

Männer und Frauen sitzen im Idealfall abwechselnd. Gibt es einen Überschuss an Damen und Herren, sollten diese symmetrisch und unauffällig an passenden Stellen untergebracht werden – aber keinesfalls irgendwo gesammelt am »Junggesellen-« oder »Mädelstisch«.

Der links neben der Dame sitzende Herr ist ihr
»Tischherr«, der sich um ihr Wohlbefinden – Stuhl
zurechtrücken, Unterhaltung etc. – kümmert.

Alternativ ist es auch möglich, immer **zwei Damen
und zwei Herren** nebeneinander zu setzen. Der
Tischherr ist dann der jeweilige rechts oder links sitzende Mann.

Setzen Sie Ihre Gäste entweder nach Freundeskreisen oder, wenn nicht möglich, **in Gruppen zusammen**, bei denen Sie davon ausgehen, dass sie ähnli-
che Gesprächsthemen bevorzugen.

Familie vor Freunden – das heißt: Verwandte sitzen näher an den Gastgebern als Freunde. Im Fall
einer Hochzeit gelten die Trauzeugen als Ausnahme.
Ebenso der Pfarrer, der dem Brautpaar gegenüber-
sitzt.

Sitzen am Tisch

Im Restaurant entscheidet die Dame, wie sich hingesetzt wird. Üblicherweise blickt sie in den Raum.

Beim Essen daheim gilt: Erst wenn die Dame des Hauses sich setzt, setzen sich auch die anderen. Zunächst die Damen, dann die Herren.

Die Damen nähern sich dem Stuhl dabei von rechts, sodass der Tischherr die Gelegenheit hat, **ihr den Stuhl zurechtzurücken**.

Erhebt sich eine Dame erhebt sich auch der Gastgeber. An einer größeren Tafel erhebt sich nur der Tischherr, um ihr den Stuhl zurechtzurücken.

Stellen Sie niemals die Ellbogen auf dem Tisch auf. Dennoch gehören beide Hände auf den Tisch (und nicht etwa die Linke unter den Tisch), aber eben nur bis zum Handgelenk.

Der perfekt gedeckte Tisch

Wie lautete die Besteckregel aus *Pretty Woman* doch so schön: »**Von außen nach innen**« – damit können Sie schon einmal nicht allzu viel falsch machen. Hier jedoch zur Sicherheit noch einmal für Sie: der perfekt gedeckte Tisch.

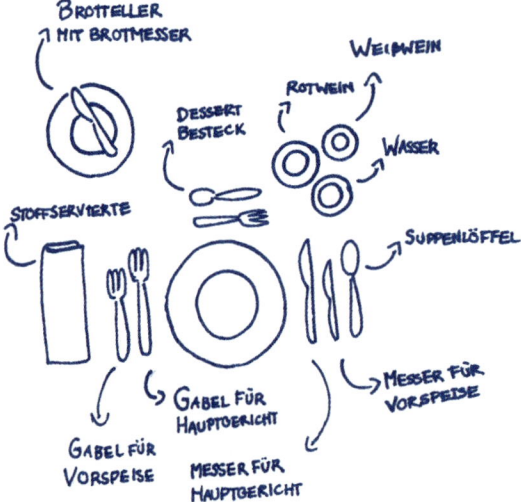

> **Ein Hinweis**
>
> Der Platzteller, der als Platzhalter für die wechseln-
> den Gänge dient, bleibt von Anfang bis Ende an sei-
> ner Stelle.

Das Besteck

Dass Sie Ihr Besteck nicht dazu verwenden, um diri-
gentengleich in der Luft herumzufuhrwerken und
Ihren Aussagen mehr Nachdruck zu verleihen, ist
eine Selbstverständlichkeit. Wie ist aber dann stilvoll
mit Gesteck umzugehen?

Halten Sie Ihr Besteck nicht zwischen den Fäusten,
sondern zwischen Fingern – tendenziell am unteren
Ende des Griffs.

Löffelgeklapper und Gabelgekratze auf dem Teller – all diese Geräusche sollte man beim stilvollen
Umgang mit Besteck nicht hören.

Nach dem Beginn des Essens berührt das Besteck
den Tisch nicht mehr.

Wenn Sie das Essen unterbrechen, legen Sie das Besteck diagonal – der Gabelrücken zeigt nach oben. Wenn sie das Besteck überkreuzen und die Zinken nach oben zeigen lassen, bedeutet dass, dass Sie gerne einen Nachschlag hätten.

Haben Sie die Mahlzeit beendet, legen Sie Ihr Besteck parallel auf »zehn vor halb fünf« – die Zinken der Gabel zeigen jetzt nach oben.

Sind Ihnen **Essensreste am Messer** hängen geblieben, dann lecken Sie dieses auf keinen Fall ab, sondern ziehen Sie das Messer über die Gabel, um die Reste zu lösen – aber natürlich ohne dabei Klingelingeling zu produzieren.

Eine kleine Gläserkunde

Sie dachten, damit hätte es sich? Zu früh gefreut! Wussten Sie zum Beispiel, dass es ganz unterschiedliche Gläser gibt, je nachdem, ob Sie einen leichten, einen jungen oder einen kräftigen Rotwein trinken?

Keine Sorge! Mit solchen Details werden Sie hier nicht gequält. Stattdessen hier die wichtigsten Facts über Gläser:

Softdrinks und Co.: Hier stehen Ihnen in puncto Glaswahl alle Möglichkeiten offen. Denn in diesem Fall kommt es nicht darauf an, bestimmte Aromen zu entfalten oder Temperaturen zu halten.

Bei Bier und Wein jedoch gilt: Nur im richtigen Glas kann sich der Geschmack optimal entfalten:

Die wichtigsten Gläser –
eine Auswahl

 Da Weißweine eher kühl serviert werden und in der Regel nicht atmen müssen, ist die Form des Kelchs nicht sonderlich relevant. Wichtiger ist ein langer Stiel, der dafür sorgt, dass die Hitze Ihrer Hand den Wein nicht zu schnell erwärmt.

Damit sich das Aroma entfalten kann, braucht es ein besonders bauchiges Glas. Die Öffnung beim Rotweinglas ist größer, damit der Wein besser belüftet wird.

 Die Sekttulpe eignet sich – im Gegensatz zur Sektflöte oder Sektschale – perfekt für Schaumweine, da hier nicht so schnell zu viel Kohlensäure entweichen kann. Wichtig: Der Moussierpunkt – ein vom Glashersteller eingebauter »Fehler« im Glas, an dem die Kohlensäure perlt. Ohne diesen Punkt wirkt der Sekt schnell schal.

Die Pilsstange eignet sich hervorragend für »schlanke« Biere – wie Kölsch.

In den Humpen oder Krug passen wiederum besser Biere, die sich »in die Breite« entwickeln.

Die spezielle Form des Weizenglases sorgt dafür, dass die Kohlesäure nur langsam nach oben steigt. Und mit dem stabilen Unterteil lässt sich perfekt anstoßen.

Das Hurricane-Glas ist das klassische Cocktail-Glas. Hierin werden vor allem Coladas und Batidas serviert.

Die Cocktailschale mit ihren Spezialformen, dem Martini- und dem Margaritaglas, eignet sich perfekt für Shortdrinks ohne Eis.

Das Whiskeyglas mit dickem Glasboden und dünnen Wänden ist perfekt geeignet für den Drink on the rocks.

Die Öffnung des Schwenkers ist extra eng, damit die Aromen möglichst lange das Glas nicht verlassen können. Der Schwenker wird am Bauch und zwar zwischen Ring- und Zeigefinger gehalten. Die Wärme der Hand soll den Aromen helfen, sich besser zu entfalten.

Halten Sie Stielgläser immer **am oberen Teil des Stils** – und niemals am Bauch – der Cognac-Schwenker ist die goldene Ausnahme.

Ein Rotweinglas sollte nie mehr als **zu einem Drittel befüllt** werden.

Krüge werden **am Henkel** gehalten.

Es gilt die **Nicht-zurück-Regel**! Sobald der nächste Gang serviert wird, ist das Glas des vorherigen Ganges tabu. Bitte trinken Sie es auch nicht in aller Eile noch aus. Das Wasserglas ist die einzige Ausnahme.

Die Serviette

Zunächst das Allerwichtigste: Als Lätzchen darf man die Serviette nicht verwenden.

Wie aber dann?

Natürlich darf die Serviette **hübsch gefaltet** sein –
bei allzu aufwendigen Kunstwerken stellt sich
jedoch die Frage, ob die Serviette bei all der Bastelei
wirklich sauber geblieben ist.

Die Serviette liegt oder steht zu Beginn des Essens
auf dem Teller.

Während des Essens legen Sie die Serviette einmal
gefaltet auf Ihren Schoß. Fällt die Serviette her-
unter, heben Sie sie nicht wieder auf. Falls dem Kellner Ihr Malheur nicht aufgefallen ist und Ihnen
nicht von allein Ersatz bringt, bitten Sie ihn um
eine neue Serviette.

**Wenn Sie während des Essens auf-
stehen**, legen Sie die Serviette
links neben das Besteck –
und bitte nicht wie ein
ausgebreitetes Bade-

tuch auf die Sitzfläche oder gar die Lehne Ihres Stuhls.

Die Serviette ist kein Taschentuch. Benutzen Sie diese allenfalls vor dem Trinken, um Ihren Mund abzutupfen und so Fettränder auf dem Glas zu vermeiden.

Auch nach dem Essen liegt die Serviette wieder links des Tellers – gefaltet, die offene Seite zeigt zum Teller.

Sonst auf dem Tisch ...

Doch es treiben noch so ganz andere Dinge auf dem gut gedeckten Tisch ihr Unwesen.

Die **Platzkärtchen** werden handschriftlich beschriftet – und zwar beidseitig. So weiß im Zweifel auch der Gegenübersitzende, mit wem er es zu tun hat.

Blumenschmuck macht einen hübschen Tisch erst richtig schön. Achten Sie aber darauf, das Ganze so flach zu arrangieren, dass dieser nicht den Austausch der Gäste stört.

Und auch wenn es anders nachhaltiger wäre: **Blumentöpfe** haben auf dem Tisch nichts zu suchen. Schnittblumen sind gefragt.

Birke, Haselnuss und Co. – auf alles, was dem Durchschnittsallergiker unangenehm sein könnte, sollten Sie bei Ihrer Blumendeko verzichten.

Bitte nicht vergessen: **Salz- und Pfefferstreuer.** Sie wollen ja, dass es Ihren Gästen schmeckt und sie nicht zu einer salzarmen Ernährung bekehren.

Überflüssig sind Zahnstocher, da diese sowieso nicht bei Tisch benutzt werden dürfen.

Die heiße Schlacht
am kalten Buffet

»Das Buffet ist eröffnet!«

Nun gibt es einiges zu beachten.

Geduld ist eine Tugend. Springen Sie also nicht sofort auf, um ans Buffet zu hetzen. Und gehen Sie auf jeden Fall gemeinsam mit den bei Ihnen sitzenden Personen – so vermeiden Sie es, allein essen zu müssen.

Naschen am Buffet ist streng verboten!

Bitte nicht drängeln. Und halten Sie sich auch menütechnisch an die richtige Abfolge. Wenn Sie aber einen Gang überspringen möchten, dann ist Ihnen das erlaubt.

Sie dürfen so oft gehen, wie Sie möchten – deshalb brauchen Sie Ihren Teller durchaus nicht zu überhäufen.

Um sich nicht als kulinarischer Banause zu outen, achten Sie bitte darauf, die unterschiedlichen Gerichte **nicht wild zu durchmischen**.

Holen Sie sich immer wieder **einen neuen Teller**, wenn Sie abermals ans Buffet gehen. Ihr benutzter Teller bleibt am Platz und wird in der Zwischenzeit vom Kellner abgeräumt.

Allgemeines
und Spezielles

Es wird erst dann mit dem Essen begonnen, wenn auch wirklich alle etwas vor sich auf dem Teller liegen haben. Das gilt insbesondere für kalte Speisen. Im Restaurant kann bei warmen Speisen nach Aufforderung des Sitznachbarn eine Ausnahme gemacht werden.

Setzen Sie sich aufrecht an den Tisch – und führen Sie Ihr Besteck zum Mund und nicht den Mund zum Besteck.

Neue Teller, Speisen etc. werden immer von links angeboten. Wird am Tisch nicht bedient, werden die Speisen gegen den Uhrzeigersinn herumgereicht. Wein und andere Getränke dagegen fließen von rechts.

Was in anderen Ländern ein Zeichen der Höflichkeit ist, ist in unserem Kulturkreis ein absoluter Fauxpas. **Schmatzen und rülpsen Sie nicht.**

Suppenteller werden leer gegessen – und zwar so gut das möglich ist, ohne sie zu kippen oder an den Mund zu führen. Die Ausnahme: Bouillon aus der Tasse. Ihre Reste dürfen ausgetrunken werden.

Ist die Suppe zu heiß, hilft nur Geduld. Pusten ist keine Option.

Die verschiedenen Bestandteile des Gangs werden nicht bereits auf dem Teller zu einer undefinierbaren Masse verarbeitet, sondern erst auf der Gabel vereint.

Schneiden Sie jedes Stück Fleisch, das Sie essen wollen, frisch ab – zerteilen Sie das Fleisch nicht zu Beginn der Mahlzeit komplett.

Brot wird niemals mit dem Messer geschnitten, sondern in kleine Stück zerrissen.

Artischocken essen Sie korrekt, indem Sie die einzelnen Blätter lösen, in die bereitstehende Sauce tauchen und das weiche Fleisch mit den Unterzähnen vom Blatt abziehen. Sind alle Blätter gelöst, bleibt der Boden übrig – diesen essen Sie wieder mit dem Besteck.

Manchmal lässt sich **Salat** tatsächlich nur schwer in den Griff bekommen – dennoch dürfen Sie hier nicht Ihre Messer verwenden. Greifen Sie stattdessen zu einem Stück Brot.

Heute gilt: **Spargel darf geschnitten werden** – die Regel, ihn nicht schneiden zu dürfen, ging auf das frühere Besteckmaterial zurück, das im Kontakt mit dem Spargel oxydierte. Spargel liegt mit der Spitze nach links auf dem Teller – und hier wird auch mit dem Essen begonnen.

Das Oxydier-Argument gilt auch heutzutage bei Kartoffeln und Klößen nicht mehr. Dennoch empfiehlt es sich, diese mit der Gabel zu zerteilen – so können die einzelnen Stücke die Soße viel besser aufnehmen.

Herrlich, das Zitronenaroma – allerdings sollten Sie die Zitrone nicht in 30 Zentimetern Höhe über dem Tisch ausquetschen, sondern an Ort und Stelle mit der Gabel.

Spagetti, Bandnudeln und Co. werden nicht geschnitten, sondern mit der Gabel aufgewickelt. Das geschieht am Tellerrand. Zur Not kann der Löffel zuhilfe genommen werden.

Machen Sie, **falls Ihnen beim Essen ein Malheur passiert**, kein großes Drama darum. Bitten Sie den Kellner, Ihnen bei der Beseitigung des Missgeschicks behilflich zu sein. Entschuldigen Sie sich, falls Ihr Tischnachbar etwas abbekommen hat – bieten Sie gegebenenfalls an, die Rechnung zu übernehmen. Haben Sie selbst etwas abbekommen, säubern Sie sich im Waschraum.

Essen Sie Ihren Mund leer, bevor Sie trinken. Dasselbe gilt fürs Reden

Wie man
einen Fisch isst

Ein Hinweis vorweg: Für Fisch wird ein **Fischmesser** – ein stumpfes Messer – gereicht, mit dem Sie nicht schneiden, sondern nur auseinanderschieben und zerteilen.

Bei besonders »festen« Fischen wie Matjes dürfen Sie auch das normale Fleischmesser zum Schneiden verwenden.

Bei allen anderen Fischen geht das Ganze so:

SCHRITT 1: Entfernen Sie die Flossen an Rücken und Bauch. Aufgepasst: Die Schwanzflosse bleibt dran.

SCHRITT 2: Schneiden Sie nun die Haut, falls Sie diese nicht mitessen möchten, an Rücken, Kopf und Schwanz ein und rollen Sie sie vom Kopf her über die Messerklinge.

SCHRITT 3: Lösen Sie das Filet mit einem Schnitt bis auf die Gräten vom Kopf, dann können Sie mit Gabel und Fischmesser das obere Filet von der Gräte lösen und auf einen separaten Teller legen.

SCHRITT 4: Lösen Sie jetzt die Mittelgräte vorsichtig vom unteren Filet.

SCHRITT 5: Falls Sie die Haut abziehen möchten: Legen Sie das untere Filet mit der Hautseite nach oben auf den separaten Teller und ziehen Sie die Haut ab.

Sie haben es geschafft!
Jetzt gibt es nur noch Folgendes zu beachten:

Fischgräten im Mund werden nicht aus-
gespuckt oder in die Serviette gehustet,
sondern wandern zurück auf die Gabel
und so an den Tellerrand.

A wie Alkohol –
und Anstoßen

Angestoßen wird üblicherweise nur mit **Sekt, Champagner oder Wein**. In volkstümlichen Kreisen wird mit Bier angestoßen. Nie aber mit Wasser oder gar Kaffeetassen.

Alkoholische Getränke dürfen ohne Angabe von Gründen **abgelehnt werden**. Auch der Gastgeber darf Wasser trinken, wenn er Wein anbietet, ohne seine Gäste vor den Kopf zu stoßen.

Nur im kleinen Kreis – also bei etwa vier oder fünf Personen – kann angestoßen werden. Ansonsten wird sich darauf beschränkt, sich zuzuprosten. Zuprosten gilt generell als stilvoller. Es geht vom Gastgeber aus.

Der kleine Finger bleibt am Glas. Blicken Sie einander beim Zuprosten **in die Augen**.

Vermeiden Sie, am Rand zusammenzustoßen. Das sorgt schnell für Scherben.

Bezahlen

Bei Hochzeiten stehen Sie nicht unbedingt vor diesem Problem, wohl aber bei jedem Restaurantbesuch. Wer zahlt denn nun? Und wie?

Klären Sie im Vorfeld, wer zahlt. Dann sparen Sie sich das Hin und Her, wenn der Kellner an den Tisch kommt. Vor allem bei der unangenehmen Frage: »Getrennt oder zusammen?«

Grundsätzlich gilt: Wer einlädt zahlt. Andernfalls sollten Sie bei Bedarf im Vorfeld entsprechend einschränkende Hinweise geben: »Die erste Runde geht auf mich.«

Wenn Sie vorhaben, bar zu zahlen, sollten Sie das nicht vor Ihren Gästen tun.

Ihre Kreditkarte können Sie jedoch diskret dem Kellner mitgeben.

In Deutschland können Sie – müssen Sie aber kein Trinkgeld geben. Falls Sie mit der Bedienung zufrieden sind, sollten Sie das mit einem **Trinkgeld von etwa 5 bis 10 Prozent** honorieren.

Zuletzt

»Höflichkeit ist die Blüte der Menschlichkeit. Wer nicht höflich genug ist, ist auch nicht genug menschlich.«

Joseph Joubert

In diesem Sinne wünschen wir Ihnen
viel Erfolg beim Höflich-Sein –
beim Mensch-Sein.